DERNIERS JOURS

DE NOTRE CHER

LOUIS CHEVRIER

Mort au Petit Séminaire de Sainte-Croix
le 8 novembre 1877
à l'âge de douze ans et trois mois

ORLÉANS
IMPRIMERIE DE GEORGES JACOB
4, CLOÎTRE SAINT-ÉTIENNE, 4

—

1878

DERNIERS JOURS

DE NOTRE CHER

LOUIS CHEVRIER

DERNIERS JOURS

DE NOTRE CHER

LOUIS CHEVRIER

mort au Petit Séminaire de Sainte-Croix

le 8 novembre 1877

à l'âge de douze ans et trois mois

ORLÉANS

IMPRIMERIE DE GEORGES JACOB

4, CLOÎTRE SAINT-ÉTIENNE, 4

—

1878

AUX ÉLÈVES DU PETIT SÉMINAIRE DE SAINTE-CROIX

Mes bien chers enfants,

Plusieurs mois se sont écoulés depuis la douloureuse séparation dont le titre de ces pages vous renouvelle le souvenir.

Le dimanche 28 octobre 1877, votre condisciple Louis CHEVRIER commençait avec vous la Retraite, qui devait le préparer à sa *Communion de la Toussaint* et à sa *Confirmation*.

Dès le second jour, le mal terrible, qui l'allait enlever si rapidement, l'obligeait à abandonner nos exercices communs, et à continuer ce grand travail de la Retraite dans la solitude de notre infirmerie.

Le jeudi suivant, en même temps que vous, chers enfants, il la clôturait dans cette même infirmerie par la réception du Sacrement de Confirmation et du *Saint Viatique*.

Et huit jours après seulement, avant même que fût achevée l'Octave de cette grande solennité de la Toussaint, le bon Dieu l'avait rappelé à Lui pour couronner, — nous pouvons du moins l'espérer avec une pleine confiance, — cette agonie cruelle si chrétiennement supportée.

Quelques heures après sa mort, je promis à sa mère, agenouillée près du corps inanimé de son cher enfant, de recueillir pour elle, et pour ceux qui lui restaient à consoler et à sauver, quelques-unes des « admirables paroles » qu'il m'avait été donné d'entendre et de noter jour par jour, pendant cette semaine d'angoisses, près du lit de souffrances de cet enfant si manifestement béni de Dieu.

C'est cette relation des *dernières journées*, « *des dernières paroles* » surtout de notre cher Louis, que nous vous livrons dans la forme même où nous l'avons rédigée au lendemain de sa mort.

Ce travail, tout d'abord, était destiné seulement à consoler la profonde douleur d'une famille, qui aimait et qui aimera toujours si tendrement le cher enfant qu'elle a perdu ; — mais cette famille profondément chrétienne nous demande elle-même de vous l'offrir à tous de sa part.

Il a semblé au père et à la mère de Louis que cet *héritage de famille* vous appartenait, chers amis, autant qu'à eux, — que vous y pourriez retrouver *des souvenirs* qui profiteront sans doute à l'âme de leur cher enfant (1), et *des leçons* aussi qui vous peuvent servir autant qu'aux trois enfants qui leur restent.

---

(1) Si vous le voulez, en effet, chers amis, votre condisciple Louis Chevrier, qui n'a pu faire cette année avec vous qu'une seule Retraite, pourra cependant participer aux bénédictions de la seconde, que Dieu vous fait la grâce de commencer aujourd'hui.

Vous aurez tous assez bon cœur pour ne lui point refuser cette charité fraternelle.

Il va vous être du reste si facile, pendant ces saints jours surtout, de l'exercer envers lui !

Une des pratiques de piété, — par exemple, — les plus recommandées pendant les temps libres d'une Retraite, est l'exercice du *Chemin de la Croix*, que les Souverains-Pontifes ont enrichi d'un si grand nombre *d'indulgences, toutes applicables aux défunts.*

Si chacun d'entre nous faisait seulement une fois son Chemin de Croix, avec l'intention d'en appliquer les indulgences à l'âme de « notre cher défunt », — quel bien nous lui pourrions faire, — quelle joie du même coup nous procurerions au Cœur de Jésus, — et quelle reconnaissance cette chère âme... et ce Divin Cœur Lui-même nous en auraient !

VIII

Ce fut aussi d'ailleurs la pensée et le désir de votre Supérieur bien-aimé, dès la première lecture qu'il fit de notre travail.

« Voilà, nous disait-il, une histoire bien sim-
« ple, qu'il faudra mettre entre les mains de tous
« nos enfants : — nous la leur donnerons à *l'ou-*
« *verture de notre prochaine Retraite.* »

Ce dernier mot n'a pas besoin sans doute de vous être expliqué, chers amis.

Vous avez compris quelle était, en prenant cette résolution, et quelle est aujourd'hui, en l'accomplissant, la grande préoccupation de sa tendresse paternelle et sacerdotale pour vos âmes.

Cette préoccupation, — vous le pensez bien, — c'est la nôtre aussi, bien chers enfants, en vous offrant ces pages. C'est celle de tous vos maîtres dans tout ce qu'ils font ici pour vous chaque jour : — que Notre-Seigneur Jésus-Christ et sa Sainte Mère nous fassent donc cette grâce de réussir à *sauver vos âmes,*.... c'est-à-dire à faire en sorte que votre vie,... que votre mort surtout soit chrétienne, comme l'a été celle de notre cher Louis CHEVRIER.

AUX FRÈRES ET A LA SŒUR DE LOUIS

Petit Séminaire de Sainte-Croix, à Orléans.
— *Novembre 1877.* —

MES CHERS ENFANTS,

C'est à vous, en même temps qu'à vos excellents parents, que j'adresse ce récit de la dernière maladie et de la mort de notre cher Louis.

Je ne vous connais pas, — mais je sais combien vous aimiez votre frère aîné. Votre bonne mère m'a raconté avec quelle charmante impatience vous attendiez et vous réclamiez le jour où les vacances le ramèneraient en famille. — Comme vous avez souffert, quand on vous a appris qu'il ne fallait plus espérer le revoir !...

— Vous pleurerez encore, chers enfants, quand on vous lira cette lettre, et quand vous la relirez vous-mêmes. — Mais, tout en pleurant, vous aimerez pourtant, j'en suis sûr, cette histoire de ses *huit derniers jours*...

— En vous faisant pleurer, elle vous fera cependant du bien..... *Elle vous consolera ;* car elle vous fera voir, comme à nous, que l'âme de votre bien-aimé frère Louis, en nous quittant, a pris assurément sa route vers le bon Dieu. — Cette histoire *vous donnera* aussi une bien belle *leçon ;* car elle vous apprendra ce qu'il vous faut faire vous-mêmes, pour aller comme lui au ciel, où il prie pour vous, et où vous voulez le retrouver un jour.

... Le dimanche soir, 28 octobre 1877, nous avions commencé, au Petit Séminaire de Sainte-Croix, notre Retraite préparatoire à la Communion de la Toussaint et à la Confirmation qui la devait suivre.

Louis, déjà souffrant, avait pu cependant prendre part aux exercices de la première journée.

Le LUNDI soir, 29 octobre, vers six heures, j'eus avec lui, comme avec chacun de mes pénitents, dans une classe voisine de l'étude, un entretien intime de quelques minutes, sur la manière d'employer cette retraite, et particulièrement sur la *confession qu'il devait préparer* pour profiter de cette grande grâce. En me quittant, se sentant plus mal à l'aise, il me pria de *vouloir bien lui permettre* de monter à l'infirmerie, où il était venu le matin déjà consulter le médecin sur son indisposition. — Je le lui permis;

et, ne soupçonnant pas la gravité du mal, je lui donnai rendez-vous au confessionnal pour le lendemain.

Le MARDI 30, occupé toute la journée par les confessions des enfants ou les exercices de la Retraite, je ne pus le voir à l'infirmerie que dans la soirée. — La journée avait été mauvaise. Cependant, je convins avec lui de venir le lendemain matin « pour le confesser et l'aider à bien faire « sa retraite. » Nous espérions encore, lui et moi, qu'il lui serait possible de la terminer avec ses condisciples, en prenant part à la Communion du Jeudi et à la Confirmation.

Je vins en effet, le MERCREDI matin, vers sept heures : — la bonne sœur infirmière nous laissa seuls, et il me fit sa *confession*, comme il aurait pu la faire en parfaite santé. — Je lui promis de revenir le soir achever ce saint travail, ainsi que nous le devions faire avec ses condisciples.

Le soir, vers six heures, avant nos Premières Vêpres de la fête de la Toussaint, je revins donc le trouver. « Il m'attendait, » et quoique déjà beaucoup plus souffrant, il *acheva sa confession* avec le calme le plus parfait et la plus entière possession de lui-même.

M. le docteur Lorraine arriva quelques instants après : il venait décider s'il était possible d'espérer encore que notre cher malade reçût le lendemain la Confirmation. — Les douleurs augmentaient : les premiers remèdes n'avaient jusqu'à ce moment amené aucune amélioration : — il ne fallait plus songer à lui faire quitter l'infirmerie, pour la cérémonie du Jeudi matin.

Ce JOUR DE LA TOUSSAINT, JEUDI 1er novembre, la situation du cher enfant devenait donc de plus en plus inquiétante : la nuit avait été très-agitée. — Nous étions désolés de le voir privé du bonheur d'être *confirmé* avec ses condisciples. Il fut convenu que M. le Supérieur, en amenant au petit Séminaire Mgr Coullié pour la cérémonie qui devait avoir lieu à 8 heures 1/2, immédiatement après notre messe de communion, « lui parlerait du moins de notre cher petit malade. — Peut-être Monseigneur proposerait-il lui-même de lui donner le Sacrement. »

M. Renaudin, en venant prendre Mgr le Coadjuteur à l'Evêché, lui fit part en effet de notre tristesse : « Nous avions, lui dit-il, quarante-deux
« enfants à vous présenter : malheureusement, il
« y en a un qui fera défaut ; le médecin a jugé
« imprudent de lui faire quitter l'infirmerie. » —

La réponse de Monseigneur ne se fit pas attendre :
« Faites tout préparer ; je monterai à l'infirmerie
« en sortant de votre chapelle, et je confirmerai
« votre petit malade. »

En entrant dans la chapelle de communauté, M. le Supérieur me fit part de la bonne nouvelle. Un de MM. les professeurs alla prévenir immédiatement Louis et la sœur infirmière. Puis, au moment où nos enfants entonnèrent le cantique d'actions de grâces, je montai moi-même à l'infirmerie, pour annoncer au cher malade l'arrivée de Mgr l'Evêque, et lui dire quelques mots « de la grâce insigne qu'il allait recevoir. » — Il était environ huit heures trois quarts quand il reçut le *Sacrement de Confirmation*.

. Je ne pus assister à cette touchante cérémonie : — il me fallut rejoindre la communauté.

Mais, quelle grâce le bon Dieu avait ménagée là à notre cher enfant?.... « Mes amis, » — disions-nous à nos quarante-deux confirmands, la semaine précédente, dans les séances du catéchisme préparatoire, — « le jour de votre Confirmation,
« Notre-Seigneur vous choisira pour ses *soldats*...
« et le Saint-Esprit, en descendant habiter d'une
« manière particulière dans vos âmes, prendra
« l'engagement formel de vous donner la *force*,
« sitôt que vous la réclamerez, dans les heures de

« lutte où vous en sentirez un plus pressant be-
« soin. Ce sera dès lors vraiment votre droit,
« dans ces heures difficiles de la vie auxquelles
« il faut vous attendre, de réclamer du ciel cette
« grâce de force qui vous sera nécessaire. —
« Esprit-Saint, lui pourrez-vous dire avec assu-
« rance, il me faut en ce moment *votre force*
« pour me comporter en bon *soldat* de Jésus-
« Christ, en *parfait chrétien :* donnez-la-moi ;
« — faites honneur à votre engagement, à votre
« parole, à cette divine signature que je garde
« pour l'éternité dans mon âme, et qui n'est autre
« que le *caractère ineffaçable* de parfait chré-
« tien imprimé en moi par la Confirmation. »
— Ce sublime enseignement de la foi catholique
sur les *effets du Sacrement de Confirmation* pou-
vait-il trouver une application plus littérale qu'à
l'heure présente ?

Le cher enfant ! — La vie, pour lui, ne devait
pas se prolonger bien longtemps. — Mais quels
rudes combats le divin Maître allait lui donner à
soutenir pour sa gloire, dans les huit jours qui
lui restaient à vivre ! — Combien de ses condisciples confirmés le même jour que lui, pendant
une longue vie peut-être que la Providence leur
laissera, trouveront moins d'occasions qu'il n'en
a trouvées, dans cette seule semaine de maladie

et d'agonie cruelle, de se montrer soldats de Jésus-Christ, *parfaits chrétiens*, — c'est le mot, — mais avec ce degré de perfection qui nous étonnait tous dans un enfant si jeune.

Dieu seul sait quelle force, quel courage, lui ont été nécessaires, — à cet enfant de douze ans, — pour supporter ses cruelles souffrances.

Tous ceux qui l'ont approché pendant sa maladie savent du moins que le Dieu de sa Confirmation a bien tenu cet engagement de lui fournir la force, qu'il avait pris vis-à-vis de son âme dans cette matinée de la Toussaint, au moment où l'huile sainte imprimait à cette âme d'enfant le divin caractère qui la distinguera et l'ennoblira pendant toute l'éternité. Nous avons tous été témoins de cette énergie vraiment au-dessus de son âge, qui ne s'est pas démentie un seul instant jusqu'à son dernier jour, et qui faisait dire à son père : « Comme ces huit jours de souffrances « l'avaient mûri !... On ne trouverait pas plus de « lucidité d'esprit, plus de courage, plus de trempe « de caractère, chez un homme de cinquante ans. »

Oui, à la lettre, — en huit jours, cet enfant de douze ans et trois mois était devenu un *homme fait*. — Mais, la cause de cette transformation, notre foi de catholiques nous la peut découvrir : c'est que, dans cette matinée de la Toussaint, sous l'onction du Pontife, l'*enfant chrétien* était devenu tout d'un coup un *parfait chrétien*.

Peu de temps après le départ de Monseigneur, — M. le docteur Lorraine vint voir son malade, et pria M. le Supérieur, qui déjà sur sa recommandation avait écrit la veille au soir à la famille, d'envoyer de suite une dépêche pour hâter l'arrivée des parents de Louis. — Son état devenait en effet bien alarmant : on avait affaire à une péritonite très-caractérisée.

Voyant le danger s'accentuer de la sorte, je me décidai à proposer à Louis, dans cette grande matinée, de mettre le comble à son bonheur, en lui donnant la sainte communion.

« Il faut, lui dis-je, mon bon enfant, que pour
« vous, comme pour vos condisciples, la fête soit
« complète. Je regrette de ne pas vous avoir
« donné ce bonheur dès le commencement de
« cette journée... Votre état de maladie vous
« dispense d'être à jeun... Je vous apporterai,
« pendant la grand'messe, la *sainte commu-*
« *nion*. »

— Vers onze heures un quart, pendant le chant solennel du *Credo*, je vins donc à l'infirmerie, accompagné de quatre congréganistes de la sainte Vierge, lui donner le *saint Viatique*, qu'il reçut avec une piété paisible dont nous fûmes tous émus profondément.

— C'est le soir de cette grande journée, vers neuf heures, que son excellent père arriva et commença à lui prodiguer ces soins empressés auxquels vous êtes depuis longtemps accoutumés, mes chers enfants.

Le lendemain, VENDREDI 2 novembre, le mal s'aggravant de plus en plus, on résolut d'appeler en consultation, avec M. le docteur Lorraine, les docteurs d'Olier et Pilate.

Avant midi, M. le Supérieur vint aussi proposer à Louis de recourir « aux grands remèdes de « la Sainte Église,... au *Sacrement* que Notre-Sei- « gneur a institué pour la consolation et le sou- « lagement corporel et spirituel *des malades.* » — « *Oui, oui... Je le veux bien...* » répondit-il aussitôt. — « Vous savez bien, cher enfant, que ce « sacrement de l'*Extrême-Onction* ne fait pas « mourir... qu'il contribue même, si le bon « Dieu le juge utile, à rendre la santé au malade « qui le reçoit bien... Vous n'en avez pas « peur ? » — « *Non, non....* » disait-il... — Et tous ceux qui l'ont suivi de près, pendant sa maladie, savent qu'en effet les pensées de la foi et de la piété chrétienne « ne le tourmentèrent point, ne l'effrayèrent pas un seul instant », mais tout au contraire, furent jusqu'à la fin sa seule consolation, son unique soulagement.

M. le Supérieur vint immédiatement m'avertir des dispositions du cher malade…. — Je m'approchai de lui à mon tour, et trouvai son âme aussi calme toujours, malgré ses vives souffrances. — Pendant l'administration du Sacrement, il garda la même paix… se prêtant de lui-même aux détails de la cérémonie… présentant ses petites mains aux *onctions du prêtre*. — M. le Supérieur lui appliqua en terminant *l'indulgence plénière*.

Notre cher enfant avait ainsi, à sa disposition, dès le début de sa maladie, toutes les forces surnaturelles, tous les secours divins que Notre-Seigneur Jésus-Christ a inventés, dans son amour compatissant pour nous, à l'usage du chrétien qui doit souffrir. — Et ces forces, ces secours d'en haut communiqués à l'âme chrétienne par les Sacrements de *Pénitence*, de *Confirmation*, d'*Eucharistie*, d'*Extrême-Onction*, — il les avait acceptés et reçus avec cette foi, cette confiance, cette reconnaissance, qu'il nous manifestait les jours suivants, — sous vos yeux, chers parents, — quand à ces grandes ressources *ordinaires* de la foi catholique, vinrent s'ajouter pour lui les plus délicates consolations de la piété et de la *dévotion* chrétienne.

Le bon Dieu traitait cette chère âme en privilégiée. — Il avait résolu, comme il fait le plus souvent pour ses meilleurs amis, de ne lui point épargner les souffrances, — afin, sans aucun doute, de rendre son bonheur définitif et plus prompt et plus parfait. Mais, s'il lui ménageait une large part à la *croix* de Notre-Seigneur, pour lui en pouvoir donner une plus large aussi à sa gloire, — il avait voulu lui ménager également une part aussi abondante que possible aux *grâces* qui peuvent soutenir ses élus, quand ils ont ainsi la croix sur leurs faibles épaules.

Pour nous exciter tous, mes chers enfants, à remercier le bon Dieu des attentions, des sollicitudes prévenantes dont sa bonté paternelle s'est montrée vraiment prodigue, dans la préparation de votre bien-aimé frère à la mort, écoutez encore ce détail.

Quelques jours avant la fête de la Toussaint, — dans ces réunions de catéchisme où j'expliquais aux enfants de la Confirmation les effets du Sacrement qu'ils allaient recevoir, — pour leur faire bien comprendre ce que c'est que la *grâce sacramentelle*, qui distingue chaque sacrement,

j'avais précisément pris, comme exemple, le Sacrement de l'Extrême-Onction... « Dans les ma-
« ladies graves, dans la dernière surtout, — leur
« disais-je, — quand le démon comprend qu'il a
« tout à perdre ou tout à gagner,... il tend ses
« derniers piéges à notre pauvre âme, il l'expose
« parfois au plus pressant danger de se perdre
« pour l'éternité. — Alors, si on a reçu le sacre-
« ment institué par le divin Maître pour les ma-
« lades, l'Extrême-Onction, on peut lui dire avec
« assurance : Seigneur, j'ai pris le remède que
« vous avez prescrit ;.... vous avez donc contracté
« à mon égard l'engagement irrévocable de me
« prêter le secours dont j'ai besoin, pour rempor-
« ter une victoire définitive.... Faites honneur
« maintenant à votre parole... secourez-moi dans
« cette heure d'angoisse... — Il en de même,
« mes amis, ajoutions-nous, dans le Sacrement
« de Confirmation... » Et je leur développais ensuite l'enseignement dont j'ai parlé plus haut.

Eh bien ! vraiment, — pourquoi donc, sans y avoir réfléchi auparavant, avais-je ainsi précisément insisté sur cette explication accidentelle des *effets de l'Extrême-Onction* ? Certes, je ne pouvais prévoir, le mercredi 24 octobre, quel besoin un de ces enfants qui m'écoutaient aurait de cette instruction la semaine suivante. Mais, depuis longtemps déjà, et tout particulièrement depuis notre dernière retraite sacerdotale du commencement d'octobre, j'étais préoccupé de cette pensée : — que nous devions saisir avec empressement toutes les occasions favorables d'instruire à fond nos enfants sur la vraie doctrine catholique concernant les *derniers sacrements ;* — que nous devions tout faire pour les mettre en garde contre ce préjugé déplorable, malheureusement si répandu aujourd'hui, même dans les familles chrétiennes, « qu'il ne faut parler de l'Extrême-Onction aux pauvres malades qu'à la dernière extrémité, et quand la connaissance est assez affaiblie pour qu'il n'y ait plus à craindre d'émotions. »

Et pourquoi le bon Dieu m'avait-il donc si vivement pénétré de cette pensée et pressé de parler à ces enfants, comme je l'avais fait huit jours avant la Toussaint, de ce *Sacrement des malades*, à propos de celui qu'ils se préparaient à recevoir ? — Il n'y a là sans doute aucune inspiration extraordinaire ; mais, pouvons-nous méconnaître, dans cette circonstance si simple, une disposition touchante de la paternelle Providence du bon Dieu à l'égard de notre cher Louis ?

Le fait est — qu'il a accepté sans la moindre terreur, mais avec reconnaissance, la proposition de recevoir l'*Extrême-Onction;* — qu'il l'a reçue en pleine connaissance, avec cette *foi qu'il apportait dans tout acte religieux.* Rien ne manquait dès lors au Sacrement, — c'est l'enseignement catholique, — pour produire dans cette âme tous ses effets.

Pourquoi nous étonner, après cela, de cette énergie naturellement inexplicable, de cette foi vive et ardente surtout, qui l'ont soutenu et consolé jusqu'à sa dernière heure?

Ce fut dans cette même journée du vendredi, quand notre cher malade eut été ainsi fortifié par TOUS LES SACREMENTS DE LA SAINTE ÉGLISE, que je pensai pour la première fois à lui proposer de *l'eau de Lourdes.* — J'apportai une petite bouteille de cette eau à l'infirmerie, et sans trop savoir encore ce qu'il en pensait, s'il connaissait même bien cette dévotion : « Mon cher enfant, « lui dis-je, voulez vous boire de l'eau de la fon- « taine de Lourdes? » — « *Je le veux bien* », me répondit-il avec vivacité. — Et je lui en donnai une première cuillerée, en lui faisant dire avec moi : « *Notre-Dame de Lourdes, priez pour* « *nous.* »

Cependant, la consultation des trois médecins

avait eu lieu; et l'état du cher enfant était jugé presque désespéré, si un remède très-violent n'amenait promptement une crise salutaire.

La potion qui lui fut prescrite devait être accompagnée de glace; et cette boisson glacée surtout lui était extrêmement désagréable....

Dans la soirée, votre bonne mère arrivait, et venait à son tour prendre sa place près du lit de son cher enfant, pour lui prodiguer, elle aussi, ses soins... et ses prières. — J'entrai à l'infirmerie peu de temps après son arrivée : elle était agenouillée auprès de Louis, priant avec son cœur de mère la très-sainte Vierge de le lui guérir. Elle se leva quand elle m'entendit, pour me confier sa grande douleur. En ce moment, le pauvre malade demanda « *à boire.* » — « *Mais,* « ajouta-t-il d'un ton suppliant, *maman, pas de* « *glace... donne-moi quelque chose de chaud...* « *si c'était encore cette glace... ça me ferait* « *bien de la peine.* » — « Mon bon enfant, vou- « lez-vous un peu d'eau de Lourdes? » lui demandai-je. — « *Oui, oui...* » répondit-il aussitôt. — Et je lui en donnai quelques gouttes en disant : « Notre-Dame de Lourdes, priez pour « nous. » — « Dis-le bien, mon ange, » — ajouta de suite sa bonne mère, — « c'est Elle qui te « guérira. »

Votre mère, mes enfants, me raconta en ce moment même que, précisément à la dernière distribution des prix, Louis avait reçu une *Histoire de Notre-Dame de Lourdes;* — qu'elle-même ne connaissait pas auparavant cette dévotion; — mais qu'en lisant ce livre, elle avait conçu une grande confiance dans la toute-puissante protection de la Sainte-Vierge de Lourdes, et que son intention, en arrivant à Orléans, était de se procurer pour son enfant de l'eau de la sainte fontaine.

Un peu plus tard, sur les neuf heures, je revins voir quelques instants notre cher malade. Afin de ne pas troubler les rares moments de repos que lui laissait la douleur, je m'avançai doucement, pour échanger à voix basse quelques paroles avec son père, tout en restant caché derrière les rideaux de son lit. Mais il m'avait entendu : — « *Monsieur...* « — me cria-t-il tout d'un coup, — *comme votre* « *eau m'a fait du bien!* »

Depuis ce moment, — pendant la journée du SAMEDI et tous les jours suivants, — il réclamait fréquemment de l'eau de Lourdes dans ses crises : « *O mon doux Jésus... cette douleur!... maman,* « *de l'eau de Lourdes!* » Et sa mère lui en donnait à boire quelques gouttes, — et il semblait un moment s'assoupir,... du moins il retrouvait quelques instants de calme. *Il en aurait voulu toujours boire.... tous les autres remèdes ne lui faisaient que du mal....* » répétait-il parfois.

Ce fut dès lors sa grande dévotion : « *Maman,... ma bonne petite sœur,... oh ! si vous saviez quelle douleur !... donnez-moi de l'eau de Lourdes..* » et en la prenant, même sans qu'on le lui suggérât, il disait de lui-même : « *Notre-Dame de Lourdes, soyez bénie... priez pour moi...* » Je ne distinguais pas bien ce qu'il ajoutait souvent en baissant la voix ; mais le mouvement de ses lèvres m'indiquait qu'il prolongeait son invocation.

Le DIMANCHE 4 novembre, il y avait une légère amélioration dans son état. Votre excellente mère, qui avait passé cette nuit près de son cher enfant, et votre oncle si dévoué, qui l'avait veillé avec une sollicitude on peut bien dire aussi toute maternelle, étaient un peu plus rassurés ; et les médecins eux-mêmes purent donner à votre bon père, obligé de retourner à Châtillon, près de vous, « de meilleures espérances. »

Cependant, je réunis avant midi, après le catéchisme, nos congréganistes de la Sainte-Vierge ; je leur dis la dévotion toute particulière de notre cher malade pour Notre-Dame de Lourdes, et leur demandai de commencer avec nous, à son intention, une neuvaine en l'honneur de Marie. Chacun de nous devait réciter chaque jour : « Je vous salue, Marie... » et l'invocation : « Notre-Dame de Lourdes, priez pour nous... »

J'allai, vers quatre heures, dans la petite chambre attenante à l'infirmerie, où on l'avait transporté afin de lui procurer plus de calme, — et je lui annonçai l'acte de charité que ses condisciples avaient l'intention de faire... « Nous allons, « n'est-ce pas, cher enfant, nous aussi, commencer « ensemble avec vous et avec votre bonne mère « *notre neuvaine?* » — « *Oh!... je le veux bien,* » me répondit-il ; — et, s'unissant à sa mère, à quelques-unes de nos bonnes sœurs présentes en ce moment, et à moi-même, tous agenouillés près de son lit, — il récita pieusement, à haute voix : « *Je vous salue, Marie.....* » et l'invocation : « *Notre-Dame de Lourdes, priez pour moi....* »

Chaque jour, jusqu'au jeudi suivant, il continua cette neuvaine avec nous, variant de lui-même la formule de son invocation, y ajoutant aussi quelque recommandation à la Sainte-Vierge, dont je ne pouvais pas bien toujours saisir le sens complet, — mais où il lui parlait de « *ses douleurs.* »

Le LUNDI 5 novembre, les crises s'accentuèrent de nouveau plus violentes.

Dans l'après-midi, il *était découragé ;* il réclama à plusieurs reprises son père,... son confesseur....
— « *Je voudrais bien mourir,* » disait-il devant sa pauvre mère. — « Mais pourquoi donc, cher en-
« fant, — lui demanda M. le Supérieur qui se
« trouvait présent, — c'est donc pour voir le bon
« Dieu plus tôt ? » — « *Oui,* » reprenait-il sans hésitation. — « Mais, mon bon enfant, je ne vous
« le permets pas encore, moi, ni votre bonne mère
« non plus.... »

Dans un autre moment, comme il se plaignait de ses cruelles souffrances.... « Cher ami, — lui dit encore M. le Supérieur, — « il faut répéter
« comme Notre-Seigneur,... quand il souffrait tant
« pendant sa Passion : *Fiat, fiat,* — c'est-à-dire :
« Mon Dieu, je vous offre cette douleur,... que
« votre sainte volonté soit faite. » — Et l'enfant aussitôt interrompait sa plainte. — « Est-ce que
« vous ne pensez plus à mon *Fiat ?* » — lui répétait M. le Supérieur dans une autre crise qui lui arrachait de nouveaux cris : « *Non,... je l'avais*
« *oublié...* » reprit-il aussitôt ; — et cessant encore de se plaindre, il redisait son « *Fiat* » au bon Dieu.

Cependant, le soir, avant le souper de la communauté, apprenant qu'il m'avait réclamé à diverses reprises, je vins le voir une première fois :

« *Oh! mon bon père, comme je souffre!...* »
me dit-il sitôt qu'il m'aperçut. — « Courage!...
« mon bon enfant.... » — « *Oh! du courage, je
« ne puis plus en avoir*, — reprend-il sans interruption, — « *je vais jusqu'au bout... mais c'est
« plus fort que moi.... Enseignez moi donc
« le moyen d'en avoir... du courage...* » ajouta-
t-il en me regardant d'un air suppliant. — J'étais,
je l'avoue, véritablement stupéfait d'une pareille
demande, accentuée d'une telle façon, de la part
d'un enfant... en cet état.... — « Mon cher enfant,
« lui répondis-je, offrez tout cela au bon Dieu...
« pour vos chers parents,... et puis, ne craignez
« pas de vous plaindre... Notre-Seigneur Lui-même
« a bien voulu *pousser des cris* sur sa croix....
« Je reviendrai vous voir tout à l'heure,... et nous
« causerons. »

J'y retournai vers neuf heures. Je le vis un
instant seul ; puis, je lui laissai mon *crucifix indulgencié*, en lui recommandant de le baiser
souvent : « Vous m'avez demandé le moyen
« d'être courageux, mon bon Louis ;... je vous
« l'apporte.... Dans vos crises, demandez ce
« crucifix.... Notre-Seigneur, quand il y était
« attaché, a pensé aux souffrances que vous endurez en ce moment même,... et Il les a offertes
« à son Père.... Offrez-les avec les siennes.... Le

« bon Dieu bénit et récompense par une éternité
« de gloire et de bonheur une piqûre d'épingle
« qu'on lui offre.... Vos souffrances sont atroces,
« mon cher enfant ; à plus forte raison, il les ré-
« compensera.... » — Il m'écoutait paisiblement...
« *Oh! merci,...* » me dit-il, quand je quittai sa
chambre.

Le MARDI 6 novembre, je vins encore plusieurs
fois le visiter.... — Il me réclamait lui-même
comme la veille de temps en temps.... Presque
toujours, il demandait, en me voyant arriver,
« *de l'eau de Lourdes,* » qui le calmait pour
quelques instants. Quelquefois, on nous laissait
causer un moment seuls, et nous échangions
quelques mots intimes, consolants pour lui sans
doute, bien consolants aussi assurément pour le
cœur d'un prêtre.... Je l'entends encore, ce cher
enfant... torturé par la souffrance, me disant avec
ce ton affectueux, avec cet accent de *foi* surtout
qu'il garda jusqu'à la fin : « *Mon bon père*,...
« *bénissez-moi....* »

— « Tu veux voir encore ton confesseur, mon en-
« fant, — lui disait sa bonne mère quand il récla-
« mait de nouveau ma visite,... — tu as donc encore
« des inquiétudes ? » — « *Non, maman....* »
« — As-tu bien tout dit à ton confesseur ? » — « *Oh*

« *oui, maman !... mais ça me fait tout de même*
« *plaisir... de le voir.* »

Dans la matinée de ce même jour, les médecins ordonnèrent de nouveau la potion énergique qu'ils avaient prescrite aux débuts de la maladie. — Quand il fallut administrer la première cuillerée, Louis refusa d'abord absolument de la prendre...
« *Non, tout cela ne me fait que du mal ; je ne*
« *la prendrai pas.* » — La bonne sœur le raisonnait ;... elle le menaça même doucement d'aller me chercher : « *Tout ce que vous voudrez, ma*
« *sœur... c'est ça... débitez tout votre chapelet,...*
« *je ne la prendrai pas....* » — « Mon enfant,
« voyons, tout cela est inutile... il faut que vous
« la preniez... on vous donnera *de l'eau de Lourdes*
« tout de suite après.... » — Et presque aussitôt, me dit sa mère, de qui je tiens ce charmant détail, il prit la première cuillerée,... et ne fit plus de difficultés pour prendre les suivantes.

Vers quatre heures de l'après-midi, j'allai lui porter une *médaille de Notre-Dame de Lourdes*, qu'on venait de me donner pour lui, en même temps qu'une nouvelle provision d'eau de la fontaine rapportée au mois d'août précédent du pèlerinage national. — En approchant de sa chambre, je l'entendis répéter encore une fois assez haut et lentement... à sa mère penchée sur son lit,... et cela sans cri, sans avoir même l'accent de la plainte : « ... *Maman, je voudrais* « *bien mourir cette nuit....* » — « Mais non, mon « ange, il ne faut pas penser à cela.... Il faut dire « au bon Dieu,... à la Sainte-Vierge... : Vous êtes « tout-puissants,... si vous voulez, vous pouvez « me guérir... guérissez-moi... je vous servirai, « je vous aimerai bien toute ma vie.... » — J'entendais tout ce dialogue de l'intérieur de l'infirmerie,... et les larmes me gagnèrent irrésistiblement...

Je m'approchai du lit à mon tour ;... et la mère s'apercevant de ma présence, s'écarta quelque peu, — puis, se retirant derrière le rideau du malade, se mit, elle aussi, à pleurer,... pendant que je présentais à Louis la médaille de la Sainte-Vierge. — « Je n'avais pas de médaille de Notre-Dame de « Lourdes, mon cher enfant, lui dis-je,... en voilà « une qu'on m'a donnée pour vous... Vous offrirez « seulement quelques-unes de vos souffrances au « bon Dieu pour la personne qui vous l'envoie... » — « *Oui ;... mais,...* — ajouta-t-il vivement, — « *Monsieur, consolez donc maman qui pleure...* » Il ne pouvait cependant pas voir sa mère,... dont j'avais à peine remarqué moi-même les sanglots étouffés. — Mais lui ! — il avait entendu, il avait senti que sa mère pleurait; et quelle parole... chez un enfant torturé comme il l'était par la maladie au point de désirer mourir,... disant à celui qui le console et l'encourage : « *Monsieur, consolez donc maman qui pleure !...* »

Je me retourne vers cette pauvre mère... — « Voilà ce qu'il vient de me dire, — reprend-elle, cherchant à excuser des larmes, qu'elle n'aurait pas voulu laisser échapper sous les yeux de son enfant : — *Je voudrais bien mourir cette nuit,... je ne tiens plus à la vie, maman....* » — « Oui,.. « j'ai tout entendu... Le pauvre enfant !... Oh ! il « prie bien le bon Dieu !... »

Je ne trouvai rien de plus à vous dire, excellente mère.... J'avais moi-même l'âme trop bouleversée pour y puiser de plus longues consolations.....

Et, d'ailleurs, — je le vois bien maintenant, — c'était la seule que votre cœur de mère et de chrétienne pût accepter.... Je vous laissai donc reprendre votre place près du cher malade.

Quelques instants après, je rentrai doucement, apportant la nouvelle provision *d'eau de Lourdes*... Je la déposai sans bruit sur l'étagère, et regagnai la porte de l'infirmerie. — Je croyais n'avoir pas même été remarqué par l'enfant ; je ne l'avais certainement pas été par sa mère, qui en ce moment faisait baiser elle-même à Louis sa nouvelle médaille, et lui suggérait cette touchante prière : — « O ma bonne Mère, je ne puis pas aller à votre « autel ;... mais je vous prie de tout cœur... « guérissez-moi.... » — « *Oui,... tiens, maman, « donne-moi de l'eau de Lourdes,...* » — reprend l'enfant. — « Mais, tu sais bien, mon ange, « qu'il n'y en a plus ;... on doit t'en apporter « d'autre.... » — « *Si, si, maman, on vient d'en « apporter....* » Je revins sur mes pas pour présenter l'eau à la mère, qui lui en fit boire aussitôt, comme il le désirait.

Cependant, la situation du malade était redevenue de plus en plus grave, les douleurs de plus en plus vives : « *Oh ! quelle douleur !... c'est du « feu qui me brûle partout...* » s'écriait-il à chaque instant.

La consultation des médecins, qui avait lieu deux fois le jour, avait été fixée ce soir-là à huit heures. — Sa mère, désireuse de calmer un peu plus tôt les souffrances extrêmes de son enfant, nous pria d'envoyer chercher de suite l'un des docteurs.

Vers sept heures, le docteur Pilate arrivait. —

Il s'approche du malade,... et c'est à ce moment que la première parole de Louis au médecin fut cet admirable cri de son cœur si affectueux : « *Mon-*
« *sieur, soulagez-moi,... pour soulager un peu*
« *maman....* »

Vers neuf heures, je vins encore le voir avec M. le Supérieur, pour lui imposer le *scapulaire bleu*. — Il portait déjà celui de Notre-Dame-du-Mont-Carmel. — « C'est le scapulaire de l'Imma-
« culée-Conception, — lui dis-je en le lui pro-
posant, — « on peut bien dire celui de Notre-
« Dame de Lourdes, puisque..... l'*Immaculée-*
« *Conception*,... c'est le nom que la très-sainte
« Vierge s'est donné elle-même dans ses apparitions
« à la grotte.... Ce sera pour vous une nouvelle
« bénédiction. »

Ses souffrances étaient alors d'une intensité extrême, et à peu près continuelles. — Pour lui imposer le scapulaire, il me fallut prendre bien des précautions, afin de soulever quelque peu cette pauvre petite tête toute trempée de sueur.... — Cependant, tant que dura la *bénédiction* et *l'imposition* solennelle du vêtement de Marie, il ne laissa pas échapper une plainte ; il s'unissait visiblement à nous pour prier ;... et quand je l'avertis, en terminant, de répéter trois fois avec moi l'invocation d'usage : « *Loué et remercié soit à tout* « *moment le très-saint et très-divin Sacrement,* « *et bénie soit la sainte et Immaculée-Conception* « *de la bienheureuse Vierge Marie* », — il se mit à prononcer cette prière lentement et à très-haute voix. — Je dus lui demander de ne pas se fatiguer ainsi, et d'achever à voix basse.

Une demi-heure après, il embrassait son bon père, qu'il avait tant de fois réclamé pendant ces deux jours, et qui revenait prendre sa place auprès du cher malade.

La nuit fut extrêmement agitée. Il *fallut le lever* plusieurs fois ;... et lui-même cependant, — me racontait quelques jours après votre père, mes chers enfants, — « lui-même, toute cette nuit cruelle, donnait les ordres,... dirigeait véritablement dans le détail tous les mouvements, avec une présence d'esprit, une énergie incroyable. »

Le MERCREDI matin, sa mère était seule près de lui, quand je vins le voir : « *Bonjour, Monsieur,...* » me dit-il encore avec ce ton affectueux et poli qui le caractérisait ; — puis, s'adressant immédiatement à sa mère d'une voix suppliante : « *Tiens,... donne-moi donc de l'eau de Lourdes,* « *maman...* » — et prenant presque le ton du reproche : « *Il y a bien longtemps qu'on ne m'en a donné !...* » ajouta-t-il. — « Mais, mon enfant, — lui répond sa bonne mère en lui apportant la bouteille d'eau de Lourdes déjà presque vide, — « vois, tu as bientôt tout bu.... » — « *C'est papa qui se sera trompé,...* » reprend-il de suite, — « *et qui aura pris cela pour de l'autre eau.* »

Sa mère lui en fit boire une cuillerée ;... il en demanda « *une seconde* ».

— Je lui proposai en ce moment « de le bénir, » — « *Oui,* » me répond-il aussitôt. — « Voulez-vous « aussi que je vous renouvelle *la grâce du bon* « *Dieu ?* » — « *Non,* » — reprend-il sans hésiter, « *pas maintenant... je suis trop malade... je ne* « *sais pas trop ce que je fais,... j'aurais peur de* « *la mal recevoir.* » — Quelle délicatesse de l'esprit de foi chez un enfant de douze ans, et dans un tel état ! — Je n'insistai point.

Cependant, dès la première consultation de ce jour, les médecins n'avaient plus d'espérance, et ne lui accordaient même plus que « quelques heures de vie. »

Je retournai près de lui vers midi. C'était encore sa bonne mère qui le gardait en ce moment.
— « Mon cher enfant, lui dis-je,... les médecins « n'ont pu vous soulager jusqu'à présent.... C'est

« le moment pour la Sainte-Vierge de faire éclater
« sa toute-puissance, si elle le veut.... Nous allons,
« en faisant notre neuvaine, le lui dire : Ma
« bonne Mère, si vous voulez, vous pouvez me
« guérir.... Seulement, si vous me rendez la vie,
« cette vie tout entière vous appartiendra.... —
« Pour que vous soyez plus puissant vous-même,
« mon bon Louis, en faisant cette prière,... je vais
« vous donner encore la grâce de l'absolution.... —
« Vous m'avez dit ce matin que vous aviez peur
« de n'être pas assez bien disposé... je le prends,
« moi, sur ma conscience.... » — Mais il ne faisait
plus aucune difficulté : « *Oui, oui,*... » me dit-il
tout bas,... et il reçut cette *absolution*. — « Main-
« tenant, cher enfant, pour être complètement
« pur,... dites au bon Dieu, en lui offrant vos
« souffrances, que vous voulez gagner toutes les
« indulgences attachées à vos scapulaires.... Je
« vais vous faire gagner, en particulier, la grande
« *indulgence plénière* que vous pouvez gagner
« aujourd'hui, malade comme vous êtes, avec votre
« *scapulaire bleu*,... et nous ferons ensuite, avec
« votre bonne mère, *notre neuvaine*.... »

Je sortis un moment pour aller prendre l'habit
de chœur, l'étole, et le formulaire pour l'application de *l'indulgence spéciale aux associés du
Scapulaire de l'Immaculée-Conception qui sont*

en danger de mort (1). — Quand je revins... il disait à sa mère : « *Maman,... encore une abso-* « *lution !...* » — « Oui, mon enfant ; voilà ton « confesseur qui revient.... » — Je ne crus pas devoir lui refuser cette consolation qu'il réclamait *encore*,... puis, je lui fis l'application solennelle de l'indulgence plénière ; — après quoi, nous récitâmes ensemble les prières de la neuvaine. — Toujours, avec ce calme qu'il retrouvait chaque fois que la religion intervenait près de son lit de souffrances, il récita avec nous : « *Je vous salue, Marie...* » et tandis que nous ajoutions, sa mère et moi : « Notre-Dame de Lourdes, priez pour lui et sauvez-le ; » — lui... répétait : « *Notre-Dame* « *de Lourdes, priez pour moi... sauvez-moi...,* » prolongeant après nous comme les jours précé-

---

(1) Indépendamment d'un très-grand nombre d'indulgences plénières et partielles pendant la vie, et de ce privilége spécial de l'indulgence plénière à l'article de la mort, — l'Église a enrichi cette dévotion au *scapulaire de l'Immaculée-Conception* d'une faveur insigne, que je crois devoir mentionner ici, comme une nouvelle consolation pour ceux qui aimeront toujours l'âme de notre cher défunt :

— *Toutes les Messes* qui se disent à quelque autel que ce soit, — et par n'importe quel prêtre, — pour un associé défunt du scapulaire bleu, *jouissent du bienfait de l'autel privilégié*.

dents son invocation, pour recommander aussi sans doute à la Sainte-Vierge de l'assister dans « ses douleurs. » — Je ne pus distinguer cette fois encore que ce dernier mot.

La prière terminée, ses douleurs aiguës lui arrachèrent presque aussitôt de nouveaux cris.

— Dans l'après-midi, il fallut encore le lever fréquemment. Une fois, le pauvre enfant, espérant sans doute trouver quelque soulagement à ses tortures, demandait à son bon père « *de le porter dans le fauteuil.* » — « Non, mon cher enfant, — lui dit sa mère, — « les médecins trouvent qu'on « te lève déjà trop. » — « *Allons, papa,* reprit-il aussitôt, « *mets-moi dans mon lit,... il ne faut* « *pas désobéir à maman.* »

Cependant, on l'avait de nouveau transporté dans l'infirmerie, et c'est là que je le retrouvai, le soir, quand je vins le visiter, vers neuf heures.

Les médecins jugeaient que « la nuit serait extrêmement douloureuse encore pour le cher enfant,... que la vie cependant se prolongerait très-probablement jusqu'au lendemain. »

Avant de le quitter, je l'avertis que j'allais « bénir sa nuit, » — et, son excellent père étant venu s'agenouiller tout en larmes près de son lit, je lui donnai ma *bénédiction.* — A la demande de son père, il me tendit affectueusement la main.

La première partie de la nuit fut relativement plus calme qu'on ne pouvait l'espérer.

De temps à autre, il faisait entendre ses plaintes comme les jours précédents... — « *Mon Dieu ! je ne puis pas mourir,* » disait-il parfois.

Vers trois heures, il y eut une crise plus forte : « *Papa,... je vais mourir....* » dit-il cette fois à son père, — et cela, comme d'un ton satisfait. — Il était en effet, le cher enfant, à son dernier jour.

Ce JEUDI matin 8 novembre, vers sept heures et demie, je restai longtemps appuyé contre son lit à contempler, sous l'étreinte continue de la douleur, ce « cher petit martyr, » comme l'appelait son bon père.

Il paraissait pourtant moins agité ;.... il était plus abattu. — Une crise survient encore en ma présence.... « Mon pauvre enfant, — lui dit « son père, — oh ! si nous pouvions te soulager « un peu !... » — et courant prendre lui-même la petite bouteille : « Tiens, veux-tu de l'eau « de Lourdes ?... » — « *Oui,* » répond-il encore. — Et son père lui en présente une cuillerée.... — Sous le coup de la douleur, l'enfant s'agite convulsivement, et paraît repousser ce qu'on lui offre.... — « Louis,... de l'eau de Lourdes ! » lui dit-on.... — « *Ce n'est pas de l'eau ordinaire,*

« *toujours* ?... » reprend-il encore vivement. — « Non, non.... » — Et il boit tranquillement cette eau de bénédiction.

Je m'approche en ce moment de lui : « Nous « allons faire *notre neuvaine*, cher enfant.... » — Et, pour la dernière fois, avec son père et sa mère agenouillés et fondant en larmes, nous récitons : « *Je vous salue, Marie*... » et l'invocation à Notre-Dame de Lourdes.... — « Au moins,... — s'écrie la mère de Louis, quand nous nous relevons après cette ardente prière, — « au moins « pouvez-vous nous promettre qu'il sera *sauvé* ? » — Et son père, lui aussi, s'associe à cet acte de foi et d'espérance.... — « Je le crois bien... « Vous l'avez vu comme moi... le cher enfant !... « Qui le serait, s'il ne l'était pas ?... Oh ! oui, vous « pouvez être rassurés sur son salut. » — Et peu de temps après, M. le Supérieur à qui votre père, mes enfants, rapportait ma réponse, pouvait à son tour donner à vos parents si chrétiens la même assurance, et leur « promettre qu'il serait sauvé,... « leur cher enfant,... votre frère bien-aimé. »

Dans la matinée, les médecins viennent une dernière fois voir leur malade : — « ils sont étonnés, me disent-ils eux-mêmes, qu'il ait pu supporter encore les souffrances de la nuit qui s'achève, » — et ils se contentent de prescriptions qui ont pour but de lui adoucir les dernières crises de l'agonie.

Vers neuf heures et demie, je reviens encore près de son lit : sa mère est là, priant toujours en le contemplant.... Il semble assoupi.... Mais c'est la vie qui s'en va. — Je le regarde un instant.... — Sa mère m'avertit alors elle-même « *qu'il doit « être temps de réciter pour lui les dernières « prières.....* » — Je vais aussitôt chercher M. le Supérieur qui arrive vers neuf heures trois quarts..... Pendant qu'il se prépare, le père et la mère de Louis lui donnent à *baiser le crucifix...* Puis je m'approche,... je l'appelle ; — car il paraît retombé dans son assoupissement : « Louis,... je vais vous donner encore une ab- « solution... Vous demandez bien pardon au bon « Dieu de tous vos péchés ? »... Ses réponses ne sont plus aussi distinctement articulées ; mais elles indiquent encore qu'il m'a suffisamment compris... Je lui donne la *dernière absolution.*

Nous commençons ensuite, avec M. le Supérieur, un de MM. les Professeurs et la bonne sœur infirmière, la récitation des *prières des agonisants :* « *Proficiscere, anima christiana....* ; — *partez,* « *âme chrétienne*, etc. » pendant que votre père et votre mère, mes petits enfants, agenouillés de chaque côté de son lit, s'unissent à nos prières, en fondant en larmes.

Quand nous eûmes terminé les longues oraisons que la sainte Église adresse à Dieu pour l'âme qui va partir, ils revinrent s'asseoir tout près l'un de l'autre : « As-tu remarqué, — disait « votre père, — qu'il n'a pas crié pendant les « prières? »…. Et leur triste, mais chrétienne conversation continue….. près du cher agonisant….. Par instant, ils gardent le silence, — puis, ils recommencent à se raconter l'un à l'autre les actions, les paroles….. de leur cher enfant, de leur « cher martyr, »…. surtout ces belles paroles qu'il a laissé échapper de son cœur si plein de délicatesse, pendant sa cruelle maladie, — paroles que sa bonne mère n'a pas toujours entendues, mais qu'il m'a été possible de recueillir et de redire déjà à son père….. — De temps en temps,…. quand le cher enfant fait entendre encore ses cris de plus en plus étouffés,…. une prière au bon Dieu, une parole de tendre affection paternelle ou maternelle, quelques mots admirables d'encouragement chrétien…. viennent interrompre ce silence ou cette conversation de famille…..

Cependant l'agonie, la lutte suprême de la vie contre la mort, se prolongeait.

Vers une heure trois quarts, je viens m'agenouiller dans l'infirmerie, pour réciter mes Vêpres. M. le Supérieur commence aussi près de moi la récitation de son bréviaire.... « On attend d'un « moment à l'autre le dernier soupir, » — m'a dit la bonne sœur à mon arrivée.....

A droite, près de la tête du cher enfant, dont la respiration s'accélère de plus en plus, il y a toujours sa mère, qui s'adresse alternativement au bon Dieu, à la Sainte-Vierge, par la récitation silencieuse du chapelet, — puis à « son cher enfant, » à celui qu'elle nomme « son ange,.... son petit camarade,.... » par ses tendres embrassements, ses baisers prolongés, et toutes ces paroles d'affection maternelle que vous connaissez, mes chers petits enfants.

Au pied du lit de votre frère, — son cousin, arrivé depuis quelques heures, contemple... immobile... en pleurant, cette scène navrante. — Votre excellent père et votre bon oncle, également en larmes, mais plus agités,.... attendent avec auxiété la fin de ce « long martyre... »

Vers deux heures,... j'allais achever mes vêpres, — les vêpres de l'octave de la Toussaint; — je commençais déjà le cantique d'actions de grâces de la très-sainte Vierge, le *Magnificat,* quand votre oncle, s'approchant du visage de Louis.... nous annonce « que c'est fini,.... qu'il « ne souffre plus.... » — « .... Pars, mon ange, « — reprend aussitôt sa mère, — ..... va voir le « bon Dieu..... » — « Oui... tu es bien heureux « maintenant,... pauvre martyr !.... Qu'avait-il « donc fait pour tant souffrir?... » s'écrie à son tour son père sous l'empire de son indicible émotion.

..... Et au même moment, debout près de son enfant qui achève à peine d'expirer, avant de donner un libre cours à ses larmes, avant le dernier épanchement de la tendresse et de la douleur maternelles, — votre mère, mes enfants, continue son sublime adieu à l'âme qui nous quitte, et le termine en nous donnant à tous cette incomparable leçon de foi et d'énergie surnaturelle : « CHER EN-« FANT ! — dit-elle,.... — PUISSIONS-NOUS AVOIR « UNE MORT SEMBLABLE A LA TIENNE ! »

[Peut-être, ô mère chrétienne, en redisant ici ces grandes leçons que la Foi a mises pour nous sur vos lèvres en un pareil moment, — peut-être vais-je troubler un instant votre modestie. Eh bien ! pensez que vous n'y êtes pour rien..... Remerciez Dieu, et faites-le remercier par vos chers petits enfants de ce don admirable de la Foi Chrétienne qu'il a fait à leur mère, pour la consoler et l'aider à remplir sa tâche jusqu'au bout. Mais, pardonnez-moi, si je n'ai pas cru pouvoir taire des *paroles que le bon Dieu*, ayez-en la ferme espérance, *vous a suggérées* lui-même, dans ce jour où vous lui donniez votre premier-né, *pour le salut des enfants qui vous restent.*]

Pendant que ces adieux du père et de la mère à leur enfant se prolongent, — avec M. le Supérieur et quelques-uns de MM. les Professeurs qui viennent d'arriver pour être témoins de la mort de notre cher Louis, — nous commençons la récitation des *prières* que l'Eglise adresse à Dieu pour ses enfants immédiatement *après le dernier soupir :* « *Subvenite, Sancti Dei; occurrite, Angeli Do-« mini, suscipientes animam ejus, offerentes eam « in conspectu Altissimi.* — Venez donc, Saints de « Dieu, Anges du Seigneur, venez au devant de « cette chère âme.... prenez-la, pour la présenter « vous-mêmes au Très-Haut. »

Hélas ! — trop souvent, le pauvre prêtre catholique, même quand il lui a été permis d'exercer près d'un mourant son ministère de miséricorde, se sent à cette heure suprême le cœur bien étrangement serré. Ce n'est pas toujours sans une poignante inquiétude qu'il adresse aux Anges du ciel cette invitation à venir au devant de l'âme qui vient de partir. — Mais ici, malgré notre douleur et notre émotion, nous avons pu nous livrer pleinement à l'espérance.

Oui, l'espérance totale, une pleine confiance d'avoir assisté au dernier passage d'une âme de prédestiné, — voilà bien le sentiment qui m'a dominé du premier coup, pendant la récitation de cette dernière prière d'abord, puis chaque fois que, dans cette soirée du jeudi, je suis revenu m'agenouiller devant cette chère dépouille.

Cet enfant couché sur son lit de mort, avec son bouquet et sa couronne de roses blanches, sa médaille et ses scapulaires au cou, son crucifix sur la poitrine, la tête illuminée par les deux cierges funèbres, m'apparaissait vraiment, chaque fois que je revenais le contempler, comme la transfiguration de la souffrance chrétienne..... Et c'était l'impression de tous.....

C'était et ce sera toujours la vôtre, pauvre mère, qui me disiez à côté de lui : « *Oui, c'est bien son bon Ange qui l'a emporté!* » — C'était la vôtre aussi, excellent père,... qui, dans la simplicité charmante de votre cœur de père et de chrétien, disiez à sa mère, en le regardant, vers quatre heures, au moment où un rayon de soleil illuminait notre infirmerie : « *Tiens..... le bon Dieu*

« est content de l'avoir avec Lui : vois-tu,
« comme Il illumine son ciel...! »

Eh bien! oui, le dernier mot est là... Chers parents et chers amis de Louis Chevrier, n'en doutez pas, si ce cher enfant nous a quittés, c'est que *le bon Dieu a voulu l'avoir avec Lui* plus tôt et plus sûrement.

Lui-même a pris soin de nous expliquer dans les Saints Livres les mystérieux desseins de son Infinie Miséricorde, dans ces *morts prématurées* si fréquentes, *d'enfants*, de *jeunes gens*, qui nous donnaient les meilleures espérances, et qui tout d'un coup sont ravis à notre tendresse.

La sainte Église, quand elle célèbre la fête de quelqu'un de ces jeunes saints qui peuplent le ciel, ne manque pas de remettre sous nos yeux cette consolante explication, que le bon Dieu daigne nous donner de sa conduite.

Je veux vous la rapporter tout au long. — Y a-t-il un seul mot vraiment, de ce texte dicté par le Saint-Esprit, qui ne se puisse appliquer littéralement à notre cher Louis ?

— « *Devenu agréable à son Dieu, il en a été*
« *chéri. Il lui eût fallu vivre au milieu de cette*
« *atmosphère de péché qui règne ici-bas : Dieu*
« *l'a transplanté.* — *Il nous a été ravi,..... de*

« *peur que le mal ne vînt à fausser sa droiture,*
« *et que les mensonges de la vie ne séduisissent*
« *son âme honnête…… Son âme,* — *elle était*
« *devenue l'objet des complaisances du bon*
« *Dieu : et voilà pourquoi Dieu s'est hâté de le*
« *tirer du milieu des iniquités de la terre…* —
« *Et les gens du monde qui voient cela,* ajoute
« *la Sainte Écriture, n'y comprennent rien ;* —
« *et il ne leur vient point en pensée que cela*
« *n'arrive précisément que par une grâce et une*
« *miséricorde spéciales de Dieu à l'égard de ses*
« *saints, et par suite de la prédilection pater-*
« *nelle de son Cœur pour ses élus* (1). »

— C'est-à-dire que les âmes vulgaires ne

___

(1) Voici cet admirable passsage, — emprunté au *Livre de la Sagesse*, chap. IV, — que nous relisions encore au saint autel, quelques jours après la mort de notre cher enfant, en la fête de Saint Stanislas Kostka, le 13 novembre :

℣. 10. — « *Placens Deo factus est dilectus, et vivens*
« *inter peccatores translatus est.*

℣. 11. — « *Raptus est, ne malitia mutaret intellec-*
« *tum ejus, aut ne fictio deciperet animam illius……*

℣. 14. — « *Placita enim erat Deo anima illius : prop-*
« *ter hoc properavit educere illum de medio iniquita-*
« *tum : — populi autem videntes, et non intelligentes,*
« *nec ponentes in præcordiis talia :*

℣. 15. — « *Quoniam gratia Dei, et misericordia est*
« *in sanctos ejus, et respectus in electos illius.* »

regardent que le côté navrant de ces séparations.

Mais les âmes chrétiennes y voient plus clair. Et, ces illuminations de la *foi*, — je vous le redis encore, chers enfants, — remerciez Dieu de les avoir ménagées si vives à vos bien-aimés parents.

C'était une heure à peine après le dernier soupir de notre cher enfant. — M. l'abbé Cosson, curé de Boynes, qui avait autrefois, étant vicaire de la paroisse de Saint-Paul, à Orléans, préparé votre bonne mère à sa première communion, vint à notre infirmerie lui témoigner la part qu'il prenait à sa grande douleur et lui adresser quelques mots de consolation chrétienne. —

« Oh ! oui, ma grande consolation, nous dit-elle
« alors, c'est de l'avoir vu *si bien mourir*..... Il a eu
« tous les secours de la religion,.... peut-
« être n'aurait-il pas eu toutes ces grâces, s'il
« fût tombé malade chez nous..... — Moi, qui
« disais si souvent au bon Dieu : *Pourvu que*
« *je puisse sauver son âme!*.... Eh bien ! je puis
« espérer, n'est-ce pas, qu'il est sauvé ?.... Et puis,
« il avait tant de foi, pendant toute sa maladie !.....
« — Déjà, pendant les dernières vacances, il me
« disait un jour : *Oh! moi, maman, par exemple,*
« *quand je serai grand, on pourra dire ce qu'on*

« *voudra, mais je ferai toujours mon devoir.* »
« — Et moi, je me disais : *Mon Dieu*,.... *puis-*
« *siez-vous lui garder toujours cette foi !*......
« Le bon Dieu aura voulu lui éviter le danger de la
« perdre.... Il est avec Lui maintenant !... Voilà
« ma seule consolation..... Comme je plains ceux
« qui n'ont pas ces consolations-là !.... »

. . . .
. . . .
. . . .

O mes enfants, vous n'oublierez pas, je vous en conjure, *ces dernières paroles* que j'ai pu recueillir encore pour vous, dans cette soirée du JEUDI 8 NOVEMBRE. — Il me semble qu'elles sont comme le *testament de votre frère* Louis, que Notre-Seigneur, au moment où Il le recevait là-haut dans ses bras, a voulu vous transmettre ainsi par la bouche d'une mère.

Vous les graverez profondément dans vos mémoires et dans vos cœurs,— pour vous consoler, vous aussi, quand vous souffrirez et quand vous pleurerez comme elle de ne plus revoir votre frère ; — et puis, pour vous encourager à faire maintenant et toute votre vie ce qu'il voulait toujours faire, « *à faire toujours votre devoir,* » — à rester toujours bons, — avec la même foi, le même amour du bon Dieu, comme vous veut votre mère.

— Et vous serez bien sûrs alors de le revoir un jour dans le ciel, ce frère si tendrement aimé qui désormais vous y attend.

. . . .
. . . .

Et vous tous, chers amis, qui lirez ces pages, je ne puis me défendre de vous adresser aussi une dernière parole de consolation chrétienne, mais surtout d'exhortation sacerdotale.

Cette dernière parole, c'est celle qui vous a été souvent redite et qu'on vous redira sans doute encore dans la Retraite :

— Puisque tous, nous n'en pouvons douter, nous serons surpris de la sorte ; et puisque, en définitive, en présence de ces coups inévitables et pourtant toujours imprévus de la mort, il n'y a que cette seule pensée qui console sérieusement nos âmes : « *Il est mort chré-« tiennement ;* » — puisque *c'est là, pour nous,* comme dit Dieu Lui-même, *la grande, l'unique affaire,* — « *bien mourir.... faire notre salut.....;* » — allons, une bonne fois, que chacun de nous conclue donc sans hésiter cette nouvelle leçon que le ciel nous donne, par une résolution énergique, désormais inébranlable, et plus féconde que par le passé : « Et moi aussi, je « veux faire une bonne mort ; — et moi aussi, à « tout prix, *je veux sauver mon âme.* »

Mes bien chers enfants, je vous disais en commençant que c'était là l'unique préoccupation de ce grand nombre de prêtres, appelés à dépenser ici pour vous toutes les ressources de leur sacerdoce catholique. Mais nous ne sommes point seuls, ne l'oubliez point, à vous conjurer de mettre ainsi en première ligne *le salut de vos âmes.*

Puisque ces âmes nous ont été confiées, — vous avez donc tous, vous aussi, des parents chrétiens, comme ceux à qui notre cher Louis doit, après Dieu et la très-sainte Vierge, son bonheur éternel.

Eh bien ! — il faut que vous sachiez quel est le suprême désir, la plus ardente prière d'un père et d'une mère qui comprennent comme les vôtres leur divine mission en ce monde.

Laissez-nous, en terminant, mettre sous vos yeux quelques phrases seulement des lettres attendrissantes, qui nous ont été adressées par le père et la mère de votre cher condisciple, après la lecture des pages qui précèdent :

. . . .

« Pauvre enfant, » — nous écrivait le père de Louis, dans les premiers jours de Décembre, — « nous causons journellement de lui,... de tout ce « qu'il a dû souffrir,... avant de nous quitter.

« Oh ! comme il va nous manquer..... ! Quel « coup nous ressentirons au cœur, quand nous « verrons revenir les autres séminaristes, aux « vacances de Janvier et du mois d'Août !..... Que « Dieu préserve les autres parents d'une pareille « douleur !..... Mais du moins, *nous avons une* « *consolation : c'est qu'il est auprès de Dieu et* « *qu'il sera l'ange gardien de la maison...* »

Et sa mère nous écrivait à son tour : « Je reste « dans l'admiration... devant cet héroïque courage, « cette énergie plus qu'humaine de notre cher « Louis, dans ses cruelles douleurs..... Comme il « a dû souffrir, le pauvre enfant !..... Mais, main-« tenant, je ne puis douter de son bonheur !

« Et malgré cela, ma tristesse devient de plus « en plus grande..... — Ce dont je m'étonne au-« jourd'hui, c'est d'avoir gardé près de lui ce « calme, cette résignation presque stoïque..... je « m'en fais un reproche..... Où étais-je alors, « mon Dieu ! pour supporter ainsi une pensée « si accablante ? — Je m'explique cependant

« cette froideur apparente : — c'est qu'alors
« *toute ma pensée était pour son âme que je*
« *désirais sauver à tout prix.....* Du reste, c'était
« ma seule prière, pendant le voyage, lorsque je
« fus appelée : ..... *Mon Dieu, ma bonne Vierge*
« *Marie, guérissez son corps, mais surtout sau-*
« *vez son âme.* — C'était celle aussi que j'adres-
« sais à Notre-Seigneur, lorsque j'avais le bonheur
« de faire la sainte communion: *Mon Dieu, je*
« *vous offre mes chers enfants ; ils vous appar-*
« *tiennent plus qu'à moi ; — qu'ils soient en cette*
« *vie dans la joie ou dans la peine,... peu*
« *m'importe,* POURVU QU'ILS SAUVENT LEUR AME.
« — Dieu l'a entendue, *cette prière* bien des fois
« répétée ; — Dieu l'a exaucée dans son sens le
« plus parfait..... — *Je n'en fais pas d'autre*
« *pour les enfants qui me restent ;... et pourtant,*
« *je tremble à la pensée qu'elle ne soit encore*
« *accueillie.....* — Oh !... priez pour moi, que
« Dieu me garde aussi cette foi qui m'a toujours
« soutenue, et que je désire conserver jusqu'au
« dernier soupir.... »

. . . .
. . . .

Arrêtons-nous,... chers enfants, chers jeunes
gens ; — voilà la *prière d'une mère chrétienne ;*
— voilà la *prière* qui monte peut-être tous les

jours *pour chacun de vous* jusqu'au divin Cœur de Jésus.

— Voyez si vous voulez la comprendre... et permettre au ciel de l'exaucer.

Un de vos maitres.

Avril 1878.

www.ingramcontent.com/pod-product-compliance
Lightning Source LLC
LaVergne TN
LVHW020041090426
835510LV00039B/1361